뭘 해도
잘되는 사람들의
55가지 습관

"TSUITERU HITO" NO KANGAEKATA

Copyright ⓒ 2003 by Eiko Matsuura
All right reserved
Original Japanese edition published by DAIWA SHUPPAN PUBLISHING INC.
Korean Translation Copyright ⓒ 2014 by Big Tree Publishing Co.

The Korean edition was published by
arrangement with DAIWA SHUPPAN PUBLISHING Inc., Tokyo, Japan
Through Literary Agency Y. R. J, Seoul, Korea

이 책의 한국어판 저작권은 유·리·장 에이전시를 통한 저작권자와의 독점 계약으로 도서출판 큰나무에 있습니다. 신저작권법에 의해 한국 내에서 보호를 받는 저작물이므로 무단 전재와 무단 복제를 금합니다.

| 운이 좋은 사람은 생각하는 방식이 남다르다 |

55 kinds of habits

뭘 해도 잘되는 사람들의 55가지 습관

마츠우라 에이코 지음 | 김윤식 옮김

어느 한 부분만을 본다면 분명히 나쁘다고 느낄 만한 일이 있다. 그렇지만 어쩌면 그 일이 당신의 인생을 균형 있게 유지하는 데 일조하고 있을지 모를 일이다. 이렇듯 사고방식을 달리하는 것만으로 일의 방향은 얼마든지 달라질 수 있는 것이다.

큰나무

프롤로그

뭘 해도 잘되는 사람들에게는 공통된 사고방식이 있다

나는 어린 시절부터 어차피 한 번 뿐인 인생, 세상사 심각하게만 생각하지 말고 좋아하는 일을 하며 즐겁게 살아보자고 생각해 왔다.

외부의 동요에도 흔들림 없이 나만의 인생을 보낼 수 있다면 좋으련만…… 하는 가벼운 마음가짐으로 대학에서는 심리학을 전공했으며 아울러 노장사상과 불교, 미국의 성공철학(成功哲學), 뉴에이지(New Age) 사상 등을 공부하기도 했다.

더불어 공무원, 승려, 출판사 경영자, 칼럼니스트 등의 다양한 직업을 경험하며 다방면의 사람들과 만나는 가운데 불현듯 무슨 일을 해도 술술 잘 풀리는 이른바 운 좋은 사람들은 과연 어떤 사람들인지 궁금증에 사로잡히게 되었다. 그리고 그 궁금증을 풀고자 노력한 결과, 운이 잘 따르는 사람들에게는 공통된 어떤 사고방식이 존재한다는 사실을 알아내게 되었다.

그 사고방식의 기본 중의 기본은 바로 결국에는 다 잘될 거라는 사고방식이다. 바꿔 말하자면 모든 일은 뜻대로 되어가고 있다는 정도랄까?

그렇다고 그들이 이 사고방식을 신념이라 여기고 철저하게 신봉하고 또 신봉하려고 노력하고 있는 것도 아니었다. 그저 어렴풋하게 그리고 자연스럽게 몸에 배어—마치 우리가 주위의 공기를 전혀 의식하고 있지 않는 것처럼 느끼고— 있는 듯했다.

일부러 그런 사고방식을 취하려 하는 것이 아니라 몸에 이미 배어 저절로 우러나오는 사고방식이기에 그 강도가 더 크다고 할 수 있겠다.

이 책에서는 그렇게 운이 잘 따르는 사람들의 사고방식에 대한 특징, 마음가짐, 언어습관, 가치관 등을 다음의 7가지 시점에서 구체적으로 살펴보았다.

1. 하고 싶지 않은 일은 하지 않는다.
(대부분의 시간을 좋아하는 일에 사용한다.)
2. 기분을 전환시키는 말들을 알고 있다.
(언어가 가진 힘을 잘 이용하고 있다.)
3. 타인을 보는 시각이 다르다.
(타인에게 자신의 내면이 반영되고 있음을 안다.)
4. 주변의 기대가 아닌, 자신의 기대에 부응한다.
(남의 인생이 아닌, 자신의 인생을 살아가고 있다.)
5. 자신의 감정에 따라 결정한다.
(감정 파악의 중요함을 알고 있다.)
6. 지금 여기가 최선이라고 생각한다.
(운이 잘 따르는 사람은 현재를 즐긴다.)
7. 운명의 흐름을 거스르지 않는다.
(목표에만 얽매이지 않고 큰 흐름에 몸을 맡긴다.)

이 책은 어디부터 읽기 시작해도 상관없으며, 그날 휙 펼친 부분만을 읽어도 효과가 있을 것이라 확신한다.

물론 독자들 가운데에는 생각을 바꾸는 것만으로

어떻게 인생이 바뀔지, 정말 운이 따르게 되긴 될지 의문을 가지는 분들도 있을 것이다. 그런 분들께는 다음과 같이 말하고 싶다.

"우선 반년 정도 이러한 사고방식으로 생활해 보는 것입니다. 잘되면 그대로 계속 이어가면 되는 것이고 잘 안 된다면 과거의 익숙했던 생활로 돌아가면 그만이지 않겠습니까? 일부러 돈이나 시간을 들일 필요도 없습니다. 그냥 속았다 셈치고 한 번 해 보면 어떻겠습니까?"

인간은 자신의 생각대로 인생을 살아간다는 교훈을 지닌 여러 선인들의 옛말처럼 인간은 생각의 세계에서 살고 있는 존재라 해도 지나침이 없다.

나 역시 인생에서 일어나는 일 가운데 80퍼센트 정도는 마음먹기, 즉 생각하기에 달려 있다고 생각한다. 그 때문인지 묘하게도 그러한 생각을 가지게 된 이후로는 신변에 곤란한 일들이 발생하는 빈도가 확연히 줄어들었음을 몸소 느끼고 있다.

사고방식을 살짝 바꾼 것만으로도 마음이 가벼워지고, 여유가 생기게 된다. 그다음엔 그것에 이어지는 2

차 효과가 나타난다. 마음의 여유가 약간 생긴 것만으로 예전에는 미처 생각하지 못했던 멋진 아이디어가 쉽게 떠오르기 시작하는 것이다. 그 최초의 첫발이 어려울 뿐이지 내딛기만 한다면 이후에는 점점 발걸음이 가벼워질 것이다.

자전거를 탈 때, 처음 한두 번의 페달 돌리기가 힘들 뿐 서서히 가속이 붙으면 페달 돌리기는 쉬워진다. 중간에 페달을 밟지 않더라도 여력으로 계속 달릴 수 있게 되는 것과 같은 이치인 것이다.

운이 따른다는 것도 이와 같다.

이 책을 통해 운을 맛보고, 그 운의 흐름을 잡는다는 것이 그리 어렵지 않은 일임을 많은 이들이 깨닫기를 바라마지 않는다.

목차　**프롤로그** | 뭘 해도 잘되는 사람들에게는
공통된 사고방식이 있다 4

1장 뭘 해도 잘되는 사람들은
어디가 달라도 다르다

하기 싫은 일은 하지 말자 14
집착하고 있다면 버려라 16
무소유, 그것이 최고의 자유다 18
이겨내지 못할 일은 없다 20
어떤 일이라도 바라던 바라고 생각하자 22
균형을 유지하기 위해서는 나쁜 일도 필요하다 24
고민거리를 의식하지 말자 26
모르는 것을 깊이 생각하지 말자 28
관점을 바꿔 보자 30
행운과 불운은 보는 관점에 따라 결정된다 32

2장 뭘 해도 잘되는 사람들의
입버릇

어쩌면 재미있을지도 모르겠다 36
그러니까 인생이지 38
행복해, 만족해, 감사해 40
그렇게 생각할 수도 있겠네 42
하고 싶은 일은 써서 붙여놓자 44
구애받는 것이 입으로 나온다 46
불평과 불만을 받아들이는 법 48
그저 각자의 인생이 있을 뿐 50

3장 뭘 해도 잘되는 사람들의
대인 처세술

여러 각도에서 상대방을 바라보자 54
내가 하고 싶어서 한 일이라 생각하자 56
비수를 찌르는 말의 대처법 58
싫어하는 사람 역시 나를 비추는 거울이다 60
어떠한 악감정도 언젠가는 사라진다 62
욕 하고 있는 나도 결국엔 같은 수준 64
열 사람 있으면 열 사람 전부 옳다 66
자신도 모르게 우러나오는 친절을 베풀자 68
원하는 것을 포기했을 때 행복이 찾아온다 70

4장 뭘 해도 잘되는 사람들의
자기 견해

스스로를 납득시켜라 74
결점은 내버려두자 76
최종 목표에 의식을 집중시켜라 78
자신감을 되찾는 방법 80
상식을 아는 기인이 되라 82
자신의 인생을 살자 84
무리해서 인격자가 되지 마라 86
있는 그대로의 인생을 즐기자! 88

5장 뭘 해도 잘되는 사람들의
선택 방법

최고 위치의 시점에서 생각하라　92
3개월만 직관을 믿어보자　94
일관성은 없어도 좋다　96
인생이 반년밖에 남지 않았다는 생각으로 살아가자　98
내 마음에 거짓이 없도록 하자　100
자신의 감정을 소중히 하자　102
지금 당장 시작하라　104
좋아하니까, 한다　106
자신을 믿자!　108
하루하루를 즐겁게 살자!　110

6장 뭘 해도 잘되는 사람들의
득도 방법

결심했다면 안심하라!　114
시험 삼아 살아보자　116
자신이 무엇을 가지고 있는지 바라보자　118
행복한 것은 당연한 일　120
좋아하는 일을 하기 위해 태어났다　122
즐긴다는 것에 대해 죄악감을 버려라　124
현재의 위치에 만족하자　126
자신의 인생에서 가르침을 실천한다!　128

7장 뭘 해도 잘되는 사람들의 삶의 방식

마음을 여는 것만으로 운은 찾아온다　132
세상만사 모두 잘 풀리게 되어있다　134
모든 일들은 우주의 법칙에 의해 완벽하게 운행되고 있다　136
인생의 판단은 가치관에 따라 다르다　138
모든 만남은 운명이다　140
필요한 정보는 저절로 손에 들어온다　142
내게 전달된 말은 모두 우주에서 보내 준 선물이다　144
다음 차례의 인생에 맡긴다　146

에필로그 | 마음이 가는 대로 사는 것만으로 행복하다　148

제1장

뭘 해도 잘되는 사람들은 어디가 달라도 다르다

하기 싫은 일은 하지 말자

"난 운이 없어."

"내 인생은 왜 이 모양이지. 앞으로 어떻게 해야 할지도 막막하기만 하고…….."

이런 고민에 명쾌한 대답을 해 줄 수 있는 사람이 과연 얼마나 될까? 그래서 이와 같은 고민 해결에 실마리를 제공할 방법 3가지를 단계별로 소개하고자 한다.

1단계 우선, 하기 싫은 일을 하는 데 쓰는 시간을 반으로 줄여라(거짓말을 잘 이용해서라도 자신만의 시간을 확보하도록 한다).

2단계 주변을 정리정돈 하라(방을 청소하고, 오랫동안 쓰지 않았던 것들은 과감히 버린다).

3단계 언젠가는 해 보고 싶었던 일이라고 생각만 해 왔던 것들을 지금 당장 시작하라(예를 들어, 관련된 책을 사러 간다든지, 아니면 그 분야에서 활동하고 있는 사람에게 당장 전화를 걸어보기라도 한다).

1단계는 언뜻 간단해 보이지만, 실제로 실천해 보면 그리 만만한 일이 아님을 실감할 수 있을 것이다.

하지만 하기 싫은 일을 하지 않기 위한 첫걸음이 되는 만큼 반드시 실천할 수 있도록 노력해 보자.

★ **행운을 부르는 지혜**
-필요 없는 것은 과감히 버리자.
-'이건 아닌데…….'라고 느낀다면 그만두자.

집착하고 있다면 버려라

자기가 중요하게 여기고 집착하고 있는 것을 버릴 때 비로소 발견하게 된다.

어느 날, 우연히 접하게 된 위와 같은 문구에 눈이 번쩍 뜨였다.

나 아닌 다른 무언가에 의지하거나 집착한다면 내면에서 희미하게나마 떠오르는 영감을 제대로 포착할 수 없다는 것이 나의 지론이다.

물론 남에게 배운다거나 자극을 받고 충고를 구하는 등의 일은 매우 중요한 일임에 틀림없다. 그렇지만 그것에 너무 집착하고 의존해서는 안 된다는 사실을 간과해서는 안 된다.

외부로부터 얻은 정보는 어디까지나 자신의 직관과 재능을 이끌어내 주는 촉매제일 뿐이다.

그것에 집착하지 않고 활용하는 데 집중하는 것이 더 현명한 일이다.

★ 행운을 부르는 지혜
-외부의 정보나 권위에 너무 의지하지 말자.
-자기의 직관과 재능을 신뢰하자.

무소유, 그것이 최고의 자유다

 자신에게 중요한 것을 잃어버리고 나면 마음 한구석이 착잡해지고, 기분 나쁜 몇 날 며칠을 보내기 일쑤다.

 '잃어버리다'라는 단어를 곱씹어보면 쓸쓸한 느낌의 뒷맛이 떠올려지기도 하지만, 다음과 같이 생각하면 그 쓸쓸함에 대한 아쉬움을 잊을 수 있을 것이다.

 잃어버린다는 것은 그것이 본래 가야할 곳으로 돌아간 것이다.

 더 이상 필요 없기에 없어진 거야. 버리는 고생을 덜었으니 오히려 잘됐네.

더욱이 그런 것 없이도 아무 문제없을 만큼 내 능력이 향상되었다고 생각할 수 있다면 더 바랄 나위가 없을 것이다.

 없어서는 안 될 것들을 너무 많이 소유하고 있으면, 오히려 그것에 얽매여 불편해질 뿐이다.

 무소유가 최고의 자유라는 생각을 받아들여 보자.

★ 행운을 부르는 지혜
-필요로 하는 것은 반드시 주어지고 불필요하게 되면 저절로 사라진다.
-우리가 사는 세상은 항상 모자라지도 그렇다고 넘치지도 않는 세상이다.

이겨내지 못할 일은 없다

한때 서점가에는 일본 최고 부자의 이야기를 담은 책이 크게 히트를 친 적이 있었다.

그 최고의 부자는 9년 연속 고액납세자 10위 안에서 벗어난 적이 없으며, 토지와 주식의 세액을 뺀 실질적 납세액은 단연 1위라고 할 만큼의 부자라고 한다.

어떤 이가 그에게 성공의 비결을 묻자 그는 당당하게 이렇게 말했다.

인생에서 이겨내지 못할 일은 없다는 낙천적 생각 덕분이죠.

이런 사고방식으로 살다보면, 곤란한데……, 난처한데…… 따위의 말들을 입버릇처럼 달고 늘 안절부절 못하던 사람들조차도 전혀 곤란해 할 일이 아니야. 아무 일도 아닌 걸 하며 평온해 할 정도의 자신감 있는 태도로 변모할 것이다. 단지 사물을 보는 관점과 사고방식을 달리한 것뿐인 데도 말이다.

물론 항상 좋은 일만 일어나게 될 거야!라고 생각할 수 있다면 더할 나위 없이 좋겠지만 기분이라는 것은 때때로 가라앉기도 하는 것이기에 언제나 그럴 수만은 없다.

하지만 이겨낼 수 없을 정도로 곤란한 일 따위는 일어나지 않는다는 낙천적이면서 편안한 마음가짐 정도는 가슴속에 새겨 둘만 하지 않은가?

★ 행운을 부르는 지혜
–그것이 정말 곤란한 일인가?
어쩌면 기회가 될 수 있을지도 모르는 일이다.

어떤 일이라도 바라던 바라고 생각하자

왜 나만 이런 고생을 해야 되는 거야 혹은 어째서 이 지경까지 이르게 되었는지 화가 치밀어 오를 때면 다음과 같은 생각을 해 보자.

어쩌면 지금 겪는 이 일들이야 말로 내가 진정으로 바라던 일이 아니었을까

물론 지금 당장은 그러한 상황에서 한시라도 빨리 벗어나고 싶은 마음이 굴뚝같겠지만, 어쩌면 마음 깊은 곳에서는 이런 상황도 경험해 두자. '어차피 수많은 사람들과 부딪혀가며 살아갈 세상인 걸, 안 그래?'라며 바라고 있었을지도 모르는 일이다.

나 또한 그러한 경험이 있었다. 직장생활 시절 엄하다 못 해 못살게 군다 싶을 정도의 상사가 있었다. 나는 그 상사를 끔찍하게 싫어했지만, 어쩌면 나는 이런 종류의 사람과도 알고 지내고 싶어 한 건 아닐까라고 생각을 바꾼 순간부터 더 이상 상사의 태도가 마음에 걸리지 않았다. 그리고 서서히 마음을 맞춰 나갈 수 있게 되었다.

 이렇게 사고방식 하나를 달리한 것만으로 일의 방향은 얼마든지 달라질 수 있는 것이다.

> **★ 행운을 부르는 지혜**
> ─이런 일도 경험하고 싶지 않았었는지 바꿔 생각하면
> 그때부터는 모든 상황이 한층 더 재미있어질 것이다.

균형을 유지하기 위해서는
나쁜 일도 필요하다

 일상에서 발생하는 문제들은 대부분 부분적인 것에 불과하다. 그리고 그 부분적인 하나하나가 모여 전체를 이루기 때문에 우리는 그것을 이른바 디딤돌에 비유할 수 있다.

 예를 들어 간 기능이 나빠졌다고 하자. 그럴 때 단순히 간이 나빠졌다고 말할 수도 있겠지만 달리 생각하면 이는 단순히 간이 나빠졌다는 뜻이 아니라 몸 전체의 균형을 유지하고 건강을 회복시키기 위해 간이 그러한 상태에 이르렀다고도 할 수 있다.

 즉, 간이라는 신체부위 한 곳만이 나빠짐으로 인해

다른 여러 신체부위가 정상을 유지하게 되어 몸 전체적인 입장에서는 더 발전적인 일이라고 볼 수도 있는 것이다.

그 부분만을 표면적으로 본다면 나쁜 일이라고 느낄 수 있는 일이 분명 있다. 그렇지만 그것이 전체의 균형을 유지하기 위해서 반드시 필요한 일일 수도 있다는 사실을 떠올려 보자. 그것이 꼭 신체에만 국한된 일은 아니다.

조직에서 우리가 저 녀석만 없으면…… 하고 생각하는 그 사람이 어쩌면 조직을 원활하게 움직이는 원동력일지도 모른다.

싫어하는 사람, 싫어하는 일일지라도 어쩌면 지금 이 순간 당신의 인생을 균형 있게 유지하는 데 일조하고 있을지 모를 일이다.

★ 행운을 부르는 지혜
−어딘가에는 반드시 필요하기 때문에 존재하는 것이다

고민거리를 의식하지 말자

 10kg 정도 나가는 돌을 허리 근처까지 들어 올린 뒤, 발등에 떨어뜨리면 발의 통증으로 인해 편두통이 씻은 듯이 낫게 된다는 내용의 우스갯소리가 있다.
 이는 낫는다기보다 몸 전체의 신경이 발로 집중되어 두통에 대해 무감각해진다는 것이 정확한 표현일 것이다.
 우리 인간은 분명 두 가지 이상의 일에 대해 동시에 의식을 집중시키기 힘든 존재이다.
 그렇다면 고민이나 걱정거리를 의식하기보다 즐거운 일, 좋아하는 일에만 집중하는 것이 어떨까?

그리한다면 고민이나 걱정거리가 해결되지는 않더라도 마치 돌에 발을 짓눌려 두통을 잊어버리듯 잠시나마 그 고민과 걱정거리들로부터 해방될 수는 있을 것이다.

★ 행운을 부르는 지혜
–문제를 보류시킬 수 있는 것도 재능의 하나이다.
고민을 해결하기 위해 사는 삶이 아니라는 것을 명심하자

모르는 것을 깊이 생각하지 말자

 그럴 의도가 아니었음에도 불구하고 말 한 마디, 행동 하나로 상대를 화나게 하거나 상처를 준 경험이 있을 것이다.
 그럴 때면 우리는 그 이유나 원인을 알아내기 위해 머리를 쥐어짜가며 온갖 걱정에 사로잡힌다.
 저 사람이 왜 저렇게 화를 낼까? 무슨 기분 나쁜 일이라도 있는 건가?
 내가 한 말에 뭔가 문제라도……. 아픈 곳을 건드리기라도 한 걸까?
 전부터 날 탐탁지 않게 생각하고 있던 것은 아닐

까?

그러나 아무리 머리를 굴려 봐도 그 진상을 정확히 알아내기란 좀처럼 쉽지 않은 일이다.

본인에게 무슨 이유로 화가 난 것인지 직접적으로 물어보는 것 역시 쉽지 않은 일이며, 행여 용기를 내어 물어본다 해도 의혹과 앙금이 남기는 마찬가지다.

무엇보다도 그렇게 진상을 밝혀낸다고 해서 모든 감정이 깔끔하게 마무리되는 것도 아니다.

그러니 모르는 것은 그것에 대해 너무 깊이 생각하지 말고 일단은 그 다음으로 넘어가도록 하자.

> ★ 행운을 부르는 지혜
> −일의 진상을 알아냈다고 해서
> 모든 일들이 해피엔딩으로 끝나는 것은 아니다.

관점을 바꿔 보자

 눈앞의 어떤 풍경을 접할 때, 그곳에 있는 모든 사람들의 눈에 똑같은 풍경이 들어오리라 생각하는가?

 그것을 바라보는 사람들 저마다의 관점과 흥미가 다르기 때문에 각자가 바라보는 풍경은 각기 다를 수밖에 없다. 이는 우리가 바라보고 있는 현실 또한 마찬가지이다.

 즉, 사람들은 누구나 자기 나름대로의 관점으로 사물을 보며 자기가 흥미 있는 것에 더욱 신경을 쓰기 마련이다.

 당신은 이 사실을 어떻게 받아들이겠는가?

그래서 세상이 재미있는 거야.

그래서 오해가 생기고 문제가 일어나는 것 아니겠어…….

저마다의 가볍고 무거운 수용 방법에 따라 세상을 살아가는 발걸음이 달라진다.

당신은 어떤 관점에 익숙해져 있는가?

세상을 살아가는 당신의 발걸음은 지금 가벼운가? 아니면 무거운가?

★ 행운을 부르는 지혜
-보이는 풍경은 십인십색(十人十色).
컬러풀한 세상이기에 더욱 재미있다..

행운과 불운은
보는 관점에 따라 결정된다

 핵심은 바로 마음가짐입니다. 사고방식 자체만으로도 인생이 가벼워지기도 하고, 무거워지기도 하는 법입니다.

 논리요법을 창시한 알버트 엘리스는 행복과 불행을 결정짓는 것은 결과 그 자체가 아니라 그 결과를 받아들이는 자세에 달려 있다고 말했습니다.

 예를 들어 이혼을 하게 되었을 때 '내 인생은 실패야…… 앞이 막막해…….'라고 생각할 것인지 '내 마음대로 날개를 펼칠 수 있는 기회를 얻게 된 거야. 잘된 일일지도 몰라.'라고 생각할 것인지는 여러분의 선택입니다.

이러한 결과는 이렇게 밖에 해석할 수 없다는 식의 판단이란 애초부터 정해져 있는 게 아닙니다.

해석은 자유입니다.

자신의 경우에 맞게 멋진 의미를 부여하고, 가볍게 받아들인다면 그것으로 충분하다고 생각합니다.

제2장

뭘 해도 잘되는 사람들의 입버릇

어쩌면 재미있을지도 모르겠다

 어떤 곤란한 문제가 발생했을 때 처음부터 "이거 어려운데……."라고 투덜거리기만 한다면 떠오르는 생각 또한 어려운 해결 방법들뿐이다.
 그리고는 마침내 "이거 큰일 났네……."라며 한숨을 푹푹 쉬게 되고, 일은 말 그대로 진짜 큰 일이 되어 버리기 십상이다.
 반면에 처음부터 의식적이나마 "이거 뭐, 간단하지!"라고 말하기 시작하면 말 그대로 간단한 해결 방안이 쉽게 떠오를 것이다.
 그러니 억지로라도 좋으니까 스스로에게 적극적이

고 힘을 실어줄 수 있는 말을 해 보도록 하자.

어쩌면 재미있을지도 모르겠다.

좀처럼 하기 힘든 좋은 경험을 했어!

입 밖으로 내뱉은 말이 실제로도 그렇게 척척 맞아떨어지는 것을 보고 있노라면 자신도 모르게 미소 짓게 될 것이다.

★ 행운을 부르는 지혜
-힘든 일을 힘들다, 힘들다 하면 정말로 힘들어지기 마련.
힘을 뺏는 말보다는 힘이 되는 말을 하자.

그러니까 인생이지

사람들의 고민의 대부분은 크게 인간관계, 건강, 돈 이 세 가지와 연관되어 있다. 당신이 지금 고민하고 있는 것도 이 세 가지 중의 하나일 것이다.

그러나 인간관계가 원만하지 않아서, 건강상태가 신통치 않아서, 혹은 빚이 많다고 해서 언제까지나 걱정만 하고 있어야 된다는 법은 없다.

똑같은 상황에 처해 있음에도 불구하고 그런 것에 그다지 얽매이지 않고 인생을 즐기고 있는 사람들을 우리는 얼마든지 만날 수 있다.

늘 걱정하는 사람들은 언제나 일어나지도 않은 일

에 대한 걱정 속에 살아가게 되는 반면, 걱정하지 않는 사람은 그런 일에 신경 쓸 시간을 다른 일을 즐기는 데 쓰고 있는 것이다.

고민하지 않는 좋은 방법은 인생을 너무 심각하게 바라보지 않는 것이다. 만약 지금 고민에 빠져 괴롭다면 다음과 같이 말하며 웃어 버려라.

그러니까 인생이지, 뭐.

> ★ 행운을 부르는 지혜
> −고민거리에 끙끙대지 말고, 그냥 웃어 버려라!
> 겨우 80년 남짓 인생을 고민만 하면서 보내기엔 아깝지 않은가?

행복해, 만족해, 감사해

행복해, 만족해, 감사해란 말들이 입버릇이 될 때까지 자주 읊조려 보자.

지금 현재 행복해, 만족해라고 말할 수 있는 상황이 아니더라도 연기 연습을 한다는 셈치고 감정을 불어넣어 말해 보자.

돈이나 시간이 드는 것도 아니며, 오직 말하는 것 자체만으로 충분한 아주 간단한 일이다.

잠깐이라도 실천해 본다면 주변의 공기가 변하고 있다는 것을 느낄 수 있을 것이다.

게다가 이 연기 연습을 계속 하면서 그 효과를 체험

하기 시작한다면 오히려 그만두지 못할 정도로 푹 빠지게 될 지도 모른다.

당신의 말버릇이 지금의 상황을 만들었으며, 지금의 상황이 미래의 당신을 만들어 간다는 사실을 명심 또 명심하라.

★ 행운을 부르는 지혜
-당신의 주문이 미래의 당신을 만들어 간다.

그렇게 생각할 수도 있겠네

    같은 환경에서 자란 형제일지라도 그들의 사고방식은 저마다 틀리다.

    하물며 태생도, 교육도, 경험도, 입장도 각기 다른 남들과의 사이에서 의견이 분분한 것은 어찌 보면 당연한 일이라 할 수 있겠다.

    그러나 한편으로는 서로 상이한 사고방식을 가지고 있는 타인이라 하더라도 나와 같이 공감해 주길, 나와 같은 생각을 가져주길 누구나가 바라고 있다는 것 또한 부정할 수는 없을 것이다.

    그렇다고 해서 모든 사람들이 똑같은 발상을 하고

똑같은 가치관을 가지고 있다면 재미없는 세상이 될 것은 불을 보듯 뻔한 일이다.

각자의 다양한 의견과 감정이야말로 각자의 존재 이유이자, 존재 가치라고 할 수 있다.

서로 다른 사고방식으로 인해 발끈하거나, 실망할 일이 생긴다면 이렇게 바꿔 생각해 보자.

오호! 그렇게 생각할 수도 있겠네.

신선한 발상을 일깨워 줘 고맙네.

★ 행운을 부르는 지혜
-저마다 다 다르기에 인생이란 드라마가 만들어지는 것이다.
다양하기에 즐거운 세상이다.

하고 싶은 일은 써서 붙여놓자

하고 싶다는 생각과 실제로 시작하기

이 둘 사이에는 넘기 힘든 벽이 존재한다.

잠들기 전 내일부터는 일찍 일어나겠다고 굳게 결심하고도 다음 날 아침이 되면 일어나야 되는데……라며 이불 속에서 꾸물거리다가 언제나 그랬던 것처럼 지각 일보 직전에야 겨우 서두르는 경험을 다들 한두 번 씩은 해 보았을 것이다.

하자고 마음먹은 일을 꼭 실천에 옮기고 싶다면 다음의 3가지 과정을 시도해 보자.

1단계   그것이 실현되었을 때의 기쁨을 상상한다.

2단계   남들에게 선언하여 널리 알린다.

3단계   종이에 적어 벽에 붙여 둔다.

하지만 지금 이 책을 읽고도 1~3단계의 기쁨을 상상하거나, 남에게 선언하거나, 종이에 적어 붙이는 일들을 실제로 실천하는 독자는 아마 전체의 1퍼센트도 안 될 것이다.

따라서 오히려 지금이 기회가 될 수 있다.

유언실행(有言實行), 유서실현(有書實現)

당신만은 꼭 3단계까지 실천하는 전체의 1퍼센트가 되기를 바란다.

★ **행운을 부르는 지혜**
—벽에 써 붙인 소원을 매일 바라보라.

구애받는 것이 입으로 나온다

"남의 눈 따위 신경 쓰지 않습니다."
"등수에 구애받지 않기에 꼴찌라도 상관없습니다."
"내 생각을 남에게 억지로 강요할 생각 없습니다."
"저를 선생님이라고 부르지 말아 주세요."
"좋아하기에 이 일을 하는 겁니다. 돈은 별로 중요하지 않아요."

위와 같은 말을 하는 사람들을 주위에서 흔히 본 적이 있을 것이다.

각기 남의 눈, 등수, 생각 강요, 선생님, 돈 등에 전혀 구애받지 않다는 듯이 말하지만 정말로 구애받지 않고 있다면 애초에 그런 말들을 꺼내지도 않았을 것이다.

"~에 전혀 구애받지 않습니다."라고 말하는 사람들은 어찌됐든 다분히 거기에 신경 쓰고 있음을 스스로 인정하는 것이다.

정말로 무언가에 구애받지 않고 있는 사람이라면 그에 대한 인식조차 없으므로 그것에 대해 말할 가치와 필요성을 느끼지 못한다.

그 사람이 무엇에 신경 쓰고 구애를 받는 지는 그 사람의 말을 통해 적나라하게 드러나는 법이다.

★ 행운을 부르는 지혜
-그 사람이 잘 쓰는 말에서 무엇에 구애받고 있는지가 보인다.

불평과 불만을 받아들이는 법

 남에게 나쁜 소리를 듣게 되거나 비난의 말을 들었을 때 기분 좋을 사람이 세상에 어디 있겠는가?
 저런 식으로 밖에 말할 수 없나. 정말······.
 이런 생각이 들면서 화가 치밀어 오르는 것이 인지상정이지만 그럴 때에는 이렇게 생각해 보면 어떨까?
 저 사람은 지금 나에 대한 불평불만을 말하는 것이 아니라 자신의 일이 생각대로 되지 않기 때문에 자기 자신에게 불평불만을 쏟아내고 있는 거야라고 말이다.
 그리고 평소에 자신은 남들에게 어떤 말들을 건네

고 있는지 되돌아보자.

바로 그 말이 지금 자신의 인생에 대한 스스로의 감상일 수도 있다.

긍정적이고 밝은 말들을 많이 해 주고 있는가? 그렇지 않으면 혹시 그 반대인가? 어느 쪽이든 이를 통해 지금 자신의 모습을 쉽게 확인할 수 있을 것이다.

> ★ 행운을 부르는 지혜
> -내가 누군가에게 늘어놓는 불평불만은
> 뜻대로 되지 않는 나의 모습임을 상기하라.

그저
각자의 인생이 있을 뿐

 사람들의 삶의 모습은 일종의 자기표현입니다. 바꿔 말하면 자신이란 소재를 이용해 일생을 바쳐 인생이라는 예술작품을 만드는 일인 것입니다.
 여러분은 지금 예술작품을 감상하고 있습니다. 그 예술작품에 대해 이건 마음에 들지만 저건 좀……이라며 마음에 들고 안 들고 정도는 이야기할 수 있을지언정 이건 훌륭하지만 저건 형편없다는 식으로 순위를 정할 수는 없는 것입니다.
 시대와 문화를 뛰어넘는 절대적이고 보편적이면서 동시에 객관적인 가치기준이란 존재하지 않습니다.

따라서 이건 훌륭한 인생이네, 이건 형편없는 인생이네라며 왈가왈부하는 것 또한 무례하고 무지한 일이겠지요.

그저 각자 나름대로의 인생이 있을 뿐입니다.

이점을 이해하고 명심한다면 남과의 비교로 실망하는 일도, 남을 따라가려다 지치는 일도 없을 것입니다.

느긋한 마음으로 지내다 보면 인생은 여러분 자신의 작품으로 완성되어 갈 것입니다.

제3장

뭘 해도 잘되는 사람들의 대인처세술

여러 각도에서 상대방을 바라보자

 상사에게 혼나거나 남에게 불평이나 불만을 들었을 경우 기분 좋을 사람은 없을 것이다. 그렇지만 화내는 사람 또한 불평과 불만을 토로하는 것이 그다지 기분 좋은 일은 아닐 것이다.

 화를 잘 내는 사람들의 대부분은 스트레스에 억눌려 있거나 남들과의 마찰로 힘들어하는 사람들이다. 그런 반면 여유가 있고 마음이 넓은 사람들은 좀처럼 화를 잘 내지 않는다.

 그러나 달리 생각해 보면 화를 잘 내는 사람들은 정의감이나 신념이 강하고 자기감정에 솔직한 아이 같은 순수함을 지켜가려는 사람일 수도 있다.

별로 마음에 내키지 않는 사람과 만나게 되었다면 그 사람을 여러 관점에서 관찰해 볼 수 있는 살아있는 수업이라고 생각해 보는 것은 어떨까?

다각적으로 보면 어떤 사람에게도 친절해 질 수 있다.

당신이 보는 관점에 따라 세상의 적은 늘어날 수도 없어질 수도 있는 것이다.

★ 행운을 부르는 지혜
−받아들이는 방법은 다양하다.
다각적으로 해석하는 능력을 길러라

내가 하고 싶어서 한 일이라 생각하자

어느 날 책에서 다음과 같은 구절을 발견했다.

어정쩡하게 남의 사정을 걱정해 주는 사람보다 차라리 철저하게 자신의 것만을 생각하는 에고이스트(이기주의자)가 남에게 도움이 된다.

어떤가, 일리 있는 말이지 않는가?

그 정도로 해 줬는데 말이야!

도대체 누구 덕택이라고 생각하는 거야?

널 생각해서 하는 말이야.

이런 말들이 입 밖으로 나오려 한다면 그 전에 이렇게 생각해 보자.

내 자신을 기쁘게 하는 것이, 남을 기쁘게 하는 거야. 먼저 내 자신을 다스려야겠다고 말이다.

무엇보다 당신이 지금 하고 있는 모든 일들은 결국 자신을 위한 일이라는 점을 잊지 말아야 한다.

누군가에게 해 주었다라고 생각하기보다는 나 자신을 위해 한 일이었다라고 고쳐 생각하자.

★ 행운을 부르는 지혜
-내가 하는 일 전부는 결국 나 자신을 위한 일이다..

비수를 찌르는 말의 대처법

 기억하고 있지도 않은 일을 들먹이며 마음에 상처 주는 말을 듣고 있을 때면, 당신은 어떤 기분이 드는가?

 답답한 가슴을 부여안고 그런 일 한적 없어 혹은 그런 의도가 아니었다니까. 그건 오해라고 반론하거나 어떻게든 자신의 정당함을 알리기 위해 설명하려 애를 쓸 것이다.

 하지만 이렇게 받아들여보면 어떨까?

 이 사람 재미있는 사람이네.

 사람들이 각자 자기 의견을 내세우는 게 당연한 일

이지 뭐.

 상처받은 사람일수록 모든 것을 남의 탓으로 돌리기 마련이다. 하고 싶은 말을 해 버리면서 스트레스를 풀고 있는가 보다.

 무슨 말을 듣게 되더라도 어떻게 받아들일지는 당신 마음의 부드러움에 달려 있다.

★ 행운을 부르는 지혜
-어떻게 해석하든 그것은 자유.
그 자유는 나는 물론 타인도 가지고 있다.

싫어하는 사람 역시
나를 비추는 거울이다

 "저 사람은 싫어. 저 사람은 거만해. 저 사람은 고지식해. 저 사람은 우유부단해."라며 남들의 성격에 대해 이러니저러니 말해 본 경험이 있을 것이다.

 모든 사람이 인간으로서의 특성을 똑같이 갖추고 있음은 틀림없지만 어쩌면 우리는 겉으로 드러나는 부분만을 보고 그 사람의 성격이라 말하는 지도 모르겠다.

 상대방이 겸허한 사람처럼 보여 자신 또한 겸허하게 행동하게 되거나, 반대로 상대방이 완고하고 고지식해 보여 왠지 모르게 자신도 고집스럽게 행동하게 되는 일들을 경험해 본 적이 있는가?

  남은 자신을 비추는 거울이라고 한다.

  싫어한다고 생각하는 사람과 만났을 때, 그 사람은 지금 내 성격의 일부를 비춰주고 있다고 생각해 보자.

> ★ 행운을 부르는 지혜
> －돼지 눈에는 돼지가, 부처 눈에는 부처가 보인다.

어떠한 악감정도 언젠가는 사라진다

 저 사람은 도저히 용서할 수 없다고 못 박은 채, 언젠가는 반드시 복수할 거야라며 분개한 경험이 있는가?

 미워하기보다 용서하는 편이 자기 자신에게도 행복한 일이라는 사실을 머리로는 이해하고 있지만, 그렇게 마음먹기란 어려운 일이다.

 하지만 안심해도 좋다. 진정한 용서에 이르는 과정에 있어서 그러한 감정은 언젠가 한 번은 반드시 겪어야 될 일이며 아울러 흘려보내야 할 통과의례와도 같다.

사람은 언제나 똑같은 모습으로 존재하지 않는다.

어떤 감정이라도 시간이 지나면 잊히고 사라지기 마련이다.

그 감정을 날려 보내는 일을 지금 당장 시작하자. 그리고 과감히 잊어버리고, 자연스럽게 그 감정이 사라지는 것을 여유 있게 기다려 보자.

악감정을 충분히 맛보았다고 느낀다면, 그 악감정도 이제는 곧 사라질 때인 것이다.

★ 행운을 부르는 지혜
—감정이란 사라지고 잊히기 마련. 안심하고 관망하자.

욕하고 있는 나도
결국엔 같은 수준

 사람들은 자신이 발신하고 있는 파동에 동조하는 사람들과 어울린다는 말이 있다. 여기서 파동이란 말을 분위기란 말로 바꿔 생각한다면 좀 더 쉽게 이해가 될 것이다.

 어쩌면 당신은 지금도 무의식중에 자신의 분위기와 비슷한 사람들을 찾고 있을지도 모른다. 마치 동물들이 자기 무리를 찾듯이 말이다. 유유상종이랄까?

 누군가에게 마구 욕설을 퍼붓고 싶다든지 신랄하게 비판하고 싶어진다면 다음의 말을 유념해 두길 바란다.

욕하고 있는 나도 결국엔 같은 수준이라는 것을.

욕을 하고 있는 당신 또한 욕을 먹고 있는 그 사람과 별다른 차이가 없다는 말이다.

수준이 다르다면 감정이 부딪히는 일조차 없을 테니 말이다.

★ 행운을 부르는 지혜
-누구나 자기와 비슷한 수준의 사람들과
인간관계를 맺고 있다. 유유상종이다.

열 사람 있으면 열 사람 전부 옳다

 자신이 옳다는 것을 모두에게 알리고 싶을 때가 있다. 하지만 그것을 너무 강하게 주장하는 것도 한 번쯤은 생각해 봐야 할 문제이다.
 침이 튈 정도로 흥분해 자신의 주장만을 열심히 내세우는 건 오히려 자신의 주장에 확신이 없기 때문에 그런 것은 아닐까?
 우리 모두는 같은 하늘 아래, 같은 세상 속에서 살고 있는 것처럼 보인다. 하지만 열 사람이 있다면 열 사람 모두에게 각자의 세계가 있고, 각자의 관점과 주장이 있는 것이다.

그리고 이를 바탕으로 저마다 자신의 주장을 관철시키려 한다.

열 사람이 있으면, 10개의 진실, 10개의 정의가 존재하기 마련인 것이다.

당신이 내 말이 옳다고 생각하는 그 순간 남들 또한 같은 생각을 하고 있다는 사실을 잊지 말라.

★ 행운을 부르는 지혜
-남이 알아주지 않아도 좋다.
자기만의 삶의 방식으로 살면 그걸로 충분하다.

자신도 모르게 우러나오는
친절을 베풀자

어차피 한 번 사는 인생 동안 우리는 누구나 주변으로부터 부드럽고 친절한 사람으로 평가받길 원한다.

그러기 위해서는 우선 스스로가 자신의 인생을 만끽할 줄 아는 여유와 만족감을 가지고 있어야 한다.

스트레스가 가득 쌓여 있는데 남에게는 항상 부드럽고 친절하게 대해야 한다는 말이 귀에 들어올 리 없다. 스트레스가 가득한데 남에게 친절을 베풀 기분이 들겠는가?

그러나 친절도 다 같은 친절이 아니다. 다음은 친절을 등급별로 나누어 표현한 것이다.

감사를 바라는 친절은 하품(下品)
상대방을 의식해서 베푸는 친절은 중품(中品)
자신도 모르게 우러나오는 친절은 상품(上品)

★ 행운을 부르는 지혜
−아무 사심 없는 친절을 베풀자.
친절을 의식하고 있다면 아직도 부족한 것이다.

원하는 것을 포기했을 때
행복이 찾아온다

중국 4천 년의 지혜가 담긴 노자의 사상에는 자신을 과시하지 않음으로써 오히려 남으로부터 존경 받을 수 있다는 역설(패러독스)적 표현의 가르침이 많이 담겨 있습니다.

인생은 패러독스, 쉽게 말해 이율배반적인 것들로 가득 차 있음을 이해하면서 다음의 내용을 음미해 보시길 바랍니다.

정말로 건강한 사람은 항상 몸 상태를 최상으로 유지하는 사람이 아니라 건강이나 병이라는 단어조차도 머릿속에 없는 사람이다.

조금 방향을 바꿔 인간관계에 빗대어 말하자면, 인기를 얻고 싶어 안달하는 사람은 오히려 남들로부터 미움을 받지만, 남들이 자길 싫어해도 그만이라고 생각하는 사람은 오히려 인기인이 되기도 합니다.

 많은 이들이 인생의 행복을 바랍니다. 하지만 그 행복이란 것이 어쩌면 구하면 구할수록 더 멀어질 뿐이고, 오히려 그 집착을 그만 둘 때에야 비로소 저절로 다가오게 되는 것인지도 모르겠습니다.

제4장

뭘 해도 잘되는 사람들의 자기 견해

스스로를 납득시켜라

 칭찬을 들으면 누구나 기분이 좋아지기 마련이다. 하지만 그 칭찬이 계속되면 칭찬받아 마땅하지 뭐라는 식의 오만을 부리기 십상이다.

 그렇게 되면 반대로 칭찬 받지 못했을 때마다 크게 서운해하거나 기분이 쉽게 가라 앉아버리는 등의 부작용도 일어나게 된다.

 우리 주변에는 이 정도면 훌륭하죠. 칭찬해 주세요 라는 눈빛을 보내는 사람들이 종종 있다. 이들은 칭찬에 목말라하며 남들로부터 항상 주목받고 싶어 하는 특징을 가지고 있는 사람들이다.

당신은 자신에 대한 주변의 평가나 말 한 마디에 휩쓸려 쉽게 기뻐하거나 슬퍼하지는 않는가?

 스스로 납득하지 못한 일에서 진정한 행복을 발견한다는 것은 불가능한 일이다.

 남들에게 받아들여지기보다는 스스로에게 받아들여지도록 노력하라. 그리고 타인의 기준에서 자신의 기준으로 인생의 잣대를 바꾸자.

★ 행운을 부르는 지혜
―주목을 받든 안 받든 간에
조용히 미소 지을 수 있는 사람이 되자.

결점은 내버려두자

 많은 결점이 있다 하더라도 단 하나의 빛나는 개성을 가지고 있다면 그걸로 충분하다.
 사람들은 당신의 결점만을 보고 당신을 판단하지는 않는다. 당신다운 표현과 당신만의 개성을 통해 당신이라는 존재를 판단하고 평가하여 받아들이고 있는 것이다.
 자신의 결점이나 단점에 지나치게 신경을 쓰고 있지는 않은가? 이 시간에도 그 결점이나 단점을 고쳐보기 위해 수많은 노력을 기울이는 많은 이들이 있을 것이다.

하지만 단 하나의 빛나는 자신만의 개성을 찾는다면(찾으려고 노력하면 얼마든지 찾을 수 있다.) 인생이 한층 즐겁고 쉬워질 것이다.

사람들은 누구나 남들에게 없는 자신만의 특성을 한두 가지씩은 가지고 있다. 더 나아가 두 가지 이상의 특성을 발견했다면 그 두 가지를 잘 연결해 보라. 배 이상의 효과를 얻을 수 있을 것이다.

결점이나 단점 따위에 지나친 신경을 쓰지 마라. 그냥 내버려두어도 좋다.

그보다는 자신만의 개성이나 장점을 찾아내고 그 개성이나 장점을 통해 자신의 토대를 갈고 닦아 더 나은 자신을 만드는 것이 한층 현명한 일임을 명심하자.

★ 행운을 부르는 지혜
-결점을 극복한 인생보다는
개성을 빛낸 인생으로 만들어 나가자.

최종목표에 의식을 집중시켜라

"무엇을 위해 일을 하고 계십니까?"

"무엇을 얻으려고 하십니까?"

이와 같은 질문에 당신은 어떻게 대답하겠는가?

대부분의 사람들이 행복이나 풍요, 안정된 삶이나 자유로운 삶을 위해서라고 대답할 것이다. 즉, 행복이나 풍요, 안정된 삶이나 자유로운 삶이 인생의 최종목표라는 이야기이다.

그렇다면 차라리 처음부터 그 쪽으로 의식을 집중하고 있는 편이 낫지 않을까?

어쩌면 우리들은 인생의 최종목표를 이루기 위한

한낱 수단에 불과한 것들에만 신경을 쓰고 있기 때문에 정작 자신이 어떠한 상태인지, 또 어떠한 상태를 향해 나아가는지를 잊고 있는 듯하다.

중요한 점은 스스로가 어떤 상태로 존재하길 바라는지를 파악하는 일이다.

행복을 위해 어떤 일을 해야 할지, 어떤 노력을 기울여야 할지 생각하는 것도 중요하지만 지금 당장 행복한 상태라고 의식을 바꾸는 데에도 주의를 기울여 보는 것이 어떨까?

★ 행운을 부르는 지혜
―행복해지려고 노력하기보다는
현재의 행복에 의식을 맞춰라.

자신감을 되찾는 방법

 남의 욕을 하거나, 남의 결점을 지적하고 있는 자신을 발견했을 때 당신은 어떤 생각이 드는가?

 마음을 갈고 닦고자 하는 이들 가운데에는 아, 또 잘못을 저질렀네. 그렇게 남을 비난하지 않기로 해 놓고선……이라며 자기 혐오감에 휩쓸려 우울한 기분에 사로잡히는 이들도 있을 것이다.

 남들의 결점을 찾고 있다면 그건 혹시 스스로에게 자신이 없기 때문은 아닐까?

 자신감을 되찾기 위해서는 진정으로 좋아하는 일에 한결같이 도전하는 것이 효과적이다.

그렇다면 과연 자신이 진정으로 좋아하는 일은 어떻게 찾아낼 수 있을까?

어릴 때부터 시간을 잊어버릴 만큼 열중할 수 있었던 일은 무엇이었는지, 지금 친구들에게 열정적으로 이야기하고 있는 것은 무엇인지 생각해 보자. 그것들이 당신에게 힌트를 줄 것이다.

남의 일은 살짝 옆으로 제쳐 두고 당신답게 사는 일에만 집중하자. 그것이야말로 진짜 인생인 것이다.

★ 행운을 부르는 지혜
-사람들은 누구나 좋아하는 일을 하기 위해 태어났다.

상식을 아는 기인이 되어라

 일에 중독된 듯 아무 일도 하지 않으면 직성이 풀리지 않는 사람들, 또는 매사 모든 일을 무모하리만큼 밀어붙이는 타입의 사람들 중에는 본인들은 잘 눈치채지 못하겠지만, 외로움을 타는 사람들이 많이 있다.
 이런 사람들은 주위 사람들에게 자신의 존재가치를 인정받고, 자신을 알리고 싶은 마음에 스스로를 그런 식으로 몰아붙이는 것이다.
 '인정받지 않아도 그만이야.'
 '친구 따위 필요치 않아.'
 '혼자 있는 것도 나름대로 즐거워.'

이와 같은 생각을 한다면 남들로부터 정상이 아닌 사람이라고 한 마디 들을 수도 있겠지만 그런 생각을 가지는 와중에 진정으로 자신이 해야 할 일을 발견할 수도 있다.

남과 다른 기인이 될 용기가 있다면 어떤 일에도 망설일 필요가 없게 된다. 더욱이 상식을 아는 기인이 된다면 못할 게 없다.

그리하면 복잡한 인생도 이렇게 간단하게 즐길 수 있다는 사실에 감동할 것이다.

> ★ 행운을 부르는 지혜
> ―상식을 아는 기인이 될 수 있다면 세상만사 못할 게 없다.

자신의 인생을 살자

 남들에게 항상 좋은 사람으로 기억되고 싶거나 남들의 기대에 부응하고 싶은 마음을 가져본 적이 있을 것이다.

 남들이 당신을 어떻게 생각하고 무엇을 기대하건 간에 그것은 당신과 전혀 관계가 없는 일이다.

 이 말의 요점은 자기 자신의 인생을 살라는 것이다.

 그 결과 주변 사람들에게 기쁨을 줄 수 있다면 더할 나위 없이 좋은 일이겠지만, 그것은 어디까지나 결과이어야 하지 목적이 되어서는 안 된다. 이 두 가지가 주객이 전도되어 버린다면 자신이 가고자 하는 삶의 방향에서 조금씩 벗어나게 되는 결과를 초래할 것이다.

당신은 지금 남의 인생을 살고 있는 것이 아니라 당신 자신의 인생을 살고 있음을 명심하라.

★ 행운을 부르는 지혜
-남의 생각은 어디까지나 남의 것.
자신이 기뻐할 수 있는 인생을 살자.

무리해서 인격자가 되지 마라

"인격을 수양하자."

"인간성을 향상 시키자."

위와 같은 말을 들으면 어떤 생각이 드는가?

훌륭하고 멋진 삶의 방식이라고 생각할 수도 있겠지만 이를 실천하려면 때로는 갑갑해 오는 것이 사실이다. 자신을 무리하게 억누르면서까지 인격자라는 말을 듣고 싶은가?

그렇다면 당신은 어떤 사람을 인격자라고 생각하는가? 또 인간성이 향상된 상태란 과연 어떤 상태를 가리키는 것인가?

의 방향에서 조금씩 벗어나게 되는 결과를 초래할 것이다.

당신은 지금 남의 인생을 살고 있는 것이 아니라 당신 자신의 인생을 살고 있음을 명심하라.

★ 행운을 부르는 지혜
-남의 생각은 어디까지나 남의 것.
자신이 기뻐할 수 있는 인생을 살자.

무리해서 인격자가 되지 마라

"인격을 수양하자."

"인간성을 향상 시키자."

위와 같은 말을 들으면 어떤 생각이 드는가?

훌륭하고 멋진 삶의 방식이라고 생각할 수도 있겠지만 이를 실천하려면 때로는 갑갑해 오는 것이 사실이다. 자신을 무리하게 억누르면서까지 인격자라는 말을 듣고 싶은가?

그렇다면 당신은 어떤 사람을 인격자라고 생각하는가? 또 인간성이 향상된 상태란 과연 어떤 상태를 가리키는 것인가?

이 세상에는 자신의 잣대만으로 마음대로 판단하고 서슴없이 스스로를 인격자라고 말하는 이들이 꽤 있다.

무리해서 인격자가 될 필요는 없다. 있는 그대로의 자신에게 안심하고 있어도 문제될 것이 없기 때문이다. 무리해서 인격자가 되려는 것은 인정받고 싶고, 남들보다 뛰어나고 싶어 하는 욕심에 불과할 뿐이니까 말이다.

★ 행운을 부르는 지혜
−무리하지 마라. 있는 그대로의 자신을 사랑하라.

있는 그대로의
인생을 즐기자!

불교에는 소욕지족(小欲知足)이라 하여 욕심을 버리고 만족함을 알라는 가르침이 있습니다.

행복을 느끼게 해 주는 비결이라 말할 수 있겠습니다만, 조금은 막막한 느낌에 너무 추상적이지 않습니까?

이와 관련해 밀교(불교의 일파)에서는 다음과 같은 유연한 가르침도 있습니다.

어차피 가지려고 한다면 큰 욕심을 부리는 편이 낫다. 하지만 깨달음을 얻으려 한다면 무언가 다른 것을 구하려고 애쓰지 말고 있는 그대로를 즐겨라!

이 세상 만물은 모두가 불성(佛性)이 나타난 모습들이니 나쁜 것이 어디 하나 있으리오.

세상 모든 것의 존재를 긍정적으로 여기고 받아들이려는 원대한 따뜻함이 엿보이는 말이라 아니할 수 없습니다.

제5장

뭘 해도 잘되는 사람들의 선택방법

최고 위치의 시점에서 생각하라

어떻게 해야 할지 모를 고민에 빠졌을 때, 또는 어떤 선택을 해야 좋을지 망설여질 때는 주로 몸의 기운이 쇠약해져 있는 상태일 때가 많다.

그 기운이 다시 상승 무드로 돌아가기 전까지는 자칫하면 맥이 풀린 생활의 연속이 될 가능성이 높다. 그럴 때면 다음과 같이 관점을 바꿔서 생각해 보도록 하자.

만약 내가 지금 최고의 위치였다면 어떻게 행동했을까?

내가 최고가 된 이후라면 어떻게 생각했을까?

막혔던 둑이 터져 쏟아져 나오듯 새 기운들이 철철 흘러넘치게 될지도 모르는 일이다.

지금 당장 최고의 위치에 올라가지 못해도 괜찮다.

우선은 흉내라도 내며 최고인 척 하는 것이 최고의 자신을 만들어 가는 첫걸음이다.

★ 행운을 부르는 지혜
-자신이 최고라고 믿어보자. 그렇지 않다면 최고인 척이라도 해 보자. 그것이 최고로 가는 지름길이다.

3개월만 직관을 믿어보자

번뜩 떠오른 생각이나 직관을 곧바로 행동에 옮긴다면 장시간 골똘히 생각할 일도, 남에게 상담을 구할 일도 없어지게 된다. 그러다보면 후회할 일이 훨씬 줄어들게 될 것은 자명한 일이다.

'괜찮을까?'라며 안절부절못하거나 다음 기회도 있겠지 뭐라는 식으로 어영부영 일을 미루는 사이에 시기를 놓쳐버려 아무런 시도조차 해 보지 못한 경험이 누구에게나 한 번씩은 있을 것이다.

단언컨대 계획대로만 풀려가는 순탄한 인생에 결코 재미란 없다.

3개월 만이라도 자신의 직관을 믿고 생활해 보자.

예를 들어 어떤 사람에게 전화를 걸어야겠다는 생각이 들면 '이 시간에는 식사 중일지도 몰라.'라는 생각 따위에 주저하지 말고 곧바로 전화를 걸어 보는 것이다. 내 경우에는 그렇게 해서 전화를 걸었을 때, 상대방이 마침 회사 근처를 지나고 있었고 그렇다면 같이 점심이라도 하자는 분위기로 자연스럽게 대화가 이어져 오랜만에 즐거운 만남을 가졌던 경험도 있다.

상식보다는 자신의 직관.

이 말을 믿고 한 번 실천해 보지 않겠는가?

앞으로 전개되는 상황을 지켜보는 것도 흥미진진한 일이 될 것이다.

★ 행운을 부르는 지혜
—직관은 미래에서 온 해답일지도 모른다. 자신의 직관을 믿어보자.

일관성은 없어도 좋다

 장래를 내다보거나 장기적인 시점에서 일을 계획하고 진행시키는 것은 마땅한 일이고, 그 당시의 기분이나 감정에 따라 일을 결정하는 것은 그릇되었다는 생각이 과연 언제나 옳은 일일까?

 마음 속 깊은 곳에서 떠오른 기분이나 감정은 그 순간만큼은 가장 순수하고 진정한 자신을 표현하고 있다고 해도 과언이 아니다. 따라서 그 시점에서는 최고의 판단기준이 될 가치가 충분한 것이다.

 한 순간 한 순간이 이어져 있는 것이 인생이기에 계획처럼 착착 진행되기만 한다면 우리 삶은 빛을 잃어

버릴지도 모른다.

   오늘의 삶은 오늘 정한다.

   내일의 삶은 내일 정한다.

   오늘과 내일의 삶에 일관성이 없어도 좋다.

   인생은 세상 이치 그대로 돌아가는 것이 아니다. 모순투성이 그 자체가 바로 인생인 것이다.

★ 행운을 부르는 지혜
-오늘의 삶은 오늘 정하고 내일의 삶은 내일 정한다.
인간이란 본래 순간순간 변하는 존재이기 때문이다.

인생이 반년밖에
남지 않았다는 생각으로 살아가자

앞으로 남은 인생이 3개월 혹은 반년밖에 남지 않았다는 불치병을 선고받았음에도 불구하고 4~5년이 넘게 생을 이어가는 사람들이 있다. 그것도 그 누구보다 건강하게 말이다.

그들에게는 그 선고를 계기로 삶에 대한 태도가 180도 바뀌었다는 한 가지 공통점이 있었다.

즉, 싫어하는 일은 하지 않고 좋아하는 일을 하며 살아가는 방식으로 삶의 태도를 바꾼 것이다. 단지 삶의 태도를 바꾸었기에 병이 나은 것일까? 그 판단은 독자들의 상상에 맡기겠다.

그렇다면 이런 삶의 태도를 꼭 시한부 선고를 받은 사람들만 가져야 하는 것일까? 물론 아니다. 이런 삶의 태도는 누구라도 취할 수 있다. 지금 당신이 건강하다고 해도 앞으로 어떻게 될지는 그 누구도 장담할 수 없는 일이다.

 언제나 내 인생이 반년밖에 안 남았다는 생각으로 살아가보자. 지금 하고 싶은 일이 있다면 지금 당장 시작해 보자. 우리가 인생을 살아가는 동안 나중을 기약하는 것만큼 불확실한 일도 없을 것이다.

★ 행운을 부르는 지혜
- 그 누가 6개월 이상 살 수 있다고 100퍼센트 장담할 수 있겠는가?
- 삶의 태도를 바꿔 보라. 인생의 참맛을 느낄 수 있을 것이다.

내 마음에 거짓이 없도록 하자

거짓말도 한 방편이라는 말이 있다.

이 말은 불교에서 전래된 것으로 목적을 달성하기 위해서는 다소의 거짓말도 도움이 될 수 있다는 뜻이다. 그렇지만 거짓말이라고 해서 모두 다 똑같은 거짓말이라고 할 수는 없다.

해도 되는 거짓말과 해서는 안 되는 거짓말이 있지만, 사람마다 각자 자기만의 기준을 가지고 있기 때문에 그 둘 사이를 나누는 어떤 절대적인 기준은 없다.

그러나 대부분의 사람들은 자신이 한 거짓말만큼은 상식의 범위 안에서 용인될 수 있다고 생각한다.

즉, 타인에게 있어서의 거짓의 기준을 자기 자신에게는 적용하지 않는 것이다.

그러나 진짜 거짓말쟁이는 바로 자기 자신에게 거짓을 말하는 사람이다. 당신은 지금 스스로에게 거짓을 말하고 있지는 않는가?

가장 정직한 삶의 방식은 자신의 마음에 정직하게 살아가는 것이다. 동시에 남을 위한 선의의 거짓말을 할 수 있는 지혜마저 겸비한다면 쓸데없는 문제들과 당면할 일도 없을 뿐 아니라 한층 유연한 인생을 누릴 수 있을 것이다.

★ 행운을 부르는 지혜
-스스로에게 하는 거짓말은 자기혐오에 빠지게 되는 길.
본심에 정직하면 평안해진다.

자신의 감정을 소중히 하자

 감정적일 때 내리는 판단보다 숙고 끝에 이성적으로 내리는 판단이 더 좋은 판단이라 확신할 수 있는가?

 이성적인 판단이 그 자리에서 신속한 해답을 주기 어려우며, 더 나아가 고정관념에 얽매여 자유로운 발상을 방해한다고 생각해 본 적은 없는가?

 감정을 억누르지 못하고 말이나 태도를 거칠게 표현하는 것 역시 바람직하지 못하지만, 지나치게 생각에만 골똘히 빠져 있는 것도 일의 가능성을 점점 낮추게 되는 안타까운 일이다.

감정이란 진정한 자신의 목소리인 것이다.

지금부터라도 자신의 감정을 소중히 여겨보라.

잠시라도 솟구치는 자신의 감정에 귀를 기울이는 여유를 가지게 된다면 최고의 판단이 가능해 질 것이다.

★ 행운을 부르는 지혜
—솟구치는 감정은 진정한 나를 대변한다.

지금 당장 시작하라

'이것을 하고 싶어!'라는 감정이 솟구쳤을 때 당신은 어떻게 하는가?

요리를 배우고 싶다는 생각이 들었을 때, 그래, 첫째 아이가 올해는 수험생이니까 아이의 시험이 끝나면 시작하자라며, 신경 쓰이는 일이나 걱정거리가 해결되면 시작하자는 생각을 하지는 않는가?

과연 모든 문제가 해결될 때라는 것이 오긴 오는 것일까?

지금 가장 첫 번째로 걱정하고 있는 문제가 해결 되는 즉시 두 번째로 걱정하고 있던 문제가 첫 번째 걱정거리의 자리를 차지하기 마련이다.

  걱정이나 고민은 억지로 해결하려 하지 않아도 저절로 사라지는 법이다. 걱정이나 고민을 의식하지 말고 이것을 해야겠다는 열정을 소중히 하자.

  우선 오늘부터 당장 시작해 보도록 하자.

★ 행운을 부르는 지혜
-지금 할 것인가 아니면 영원히 하지 않을 것인가
둘 중의 하나이다.

좋아하니까, 한다

　정말로 하고 싶은 일임에도 불구하고 선뜻 시작할 수 없는 것은 마음속의 두려움 때문이다.

　천직이라 자신하던 분야에서 인정받지 못하고, 실패마저 경험했다면 그것이 본인에게는 큰 충격으로 다가왔을 것이다. 아울러 자신의 모든 것이 남들에게 부정적으로만 보이는 것 같은 두려움에 좀처럼 새로운 일을 시작할 수 없게 된다.

　그 일을 천직이라 생각해 자신의 본업으로 삼을 정도라면 결심에 이르기까지 많은 걱정과 불안을 느끼는 것은 당연한 일이다.

그런 경우에는 다음과 같은 자세를 가져보도록 하자.

"내가 잘하는 분야라서가 아니라 좋아하는 분야이기 때문에 한다."

'잘하니까!' 라는 생각을 가지고 일에 임한다면 남들의 평가를 의식하게 되고, 능력보다 높은 수준의 결과를 내기 위해 스스로를 몰아 부치게 된다.

하지만 '좋아하니까!' 라는 생각으로 일에 임한다면 예상했던 결과가 나오지 않더라도 좋아하는 일을 하며 즐겁게 시간을 보낸 것에 만족하며 충분히 마음 편해 할 수 있는 것이다.

마음 편하게 '좋아하니까, 한다!' 는 기분으로 시작한다면 모든 일은 반드시 잘 풀리게 되어 있다.

> ★ 행운을 부르는 지혜
> —즐기는 마음으로 임한다면 그걸로 OK!
> 어깨에 힘을 빼고 즐기면서 하자.

자신을 믿자!

우리는 여태껏 가정이나 학교 혹은 사회생활을 통해 여러 가지를 배워 왔다.

가정을 소중하게, 남에게는 폐를 끼치지 않도록, 인간관계를 소중히, 욕설은 하지 않기, 약속을 지키자, 거짓말을 하지 말자, 끝까지 최선을, 건강이 제일, 긍정적인 사고방식을, 적극적이 되자 등등.

위의 예처럼 우리는 실로 끝이 없을 정도로 많은 가르침을 받아왔다.

그런데 혹시 가르침을 배우면 배울수록 그와는 다른 자신의 모습에 실망한 적은 없는가?

혹은 가르침에 속박되어 답답함을 느낀 적은 없는가?

보다 나은 삶을 위한 가르침이 오히려 본래의 자유로운 삶을 방해하는 족쇄가 될 수도 있다.

무엇보다 자신을 믿어라.

★ 행운을 부르는 지혜
-가르침이란 인간을 구속하기 위한 것이 아니라 자유로운 삶을 위해 필요한 것이다.

하루하루를
즐겁게 살자!

 제가 아는 한 선생님께서는 이런 말을 자주 하셨습니다. 그날그날이 즐거우면 그걸로 좋다는 찰나적인 생활 태도는 좋지 않다고 말입니다.

 정말로 이런 생활 태도는 칭찬받지 못할 나쁜 생활 태도일까요? 이 말을 "하루하루를 즐겁게 살자!"라고 살짝 바꿔보면 어떨까요?

 어린 시절을 떠올려 보면 남에게 폐 끼치지 말자 혹은 열심히 공부해서 사회에 공헌하자라는 식의 뻔하다면 뻔한 어른들의 말을 들어왔습니다. 그리고 그런 관습적인 사회규범에 따르는 것을 당연한 일처럼 배워왔습니다.

하지만 어린 시절 즐겁게 놀아라, 하루하루를 즐겁게 보내라는 식의 가르침을 받아본 분들이 과연 얼마나 될까요?

그런 가르침을 받아본 적이 없다면 지금부터라도 그렇게 살아보는 것은 어떨까요?

하루하루를 즐겁게 말입니다.

제6장

뭘 해도 잘되는
사람들의
득도 방법

결심했다면 안심하라!

 지금 하고 있는 일을 그만두고 정말로 원하는 일에 도전할 경우, 희망과 더불어 불안도 함께 찾아오기 마련이다.
 또한 이렇게 모든 걸 결심한 후에라도 이런저런 걱정에 밤잠을 설치기도 한다.
 "과연, 내 재능이나 능력이 통할까?"
 "이쪽 분야에는 아는 사람이 별로 없는데……."
 "수입은 괜찮을까? 가진 돈을 다 잃으면 어쩌지."
 하지만 "정말로 하고 싶었던 것은 바로 이 일이다!"라는 발견이 "반드시 이 일을 하자!"라는 결심으로 바뀌었다면 일은 벌써 순조롭게 진행될 준비가 되었다는 뜻이다.

당신은 그 일을 시작하기만 하면 된다.

그러나 지금 주저하고 망설이는 당신은 혹시 안심할 일에만 결심을 하고 있는 것은 아닌가!

★ 행운을 부르는 지혜
—각오가 섰을 때 이미 세상은
당신을 응원하기 시작했다고 믿어라!

시험 삼아 살아보자

새로운 일에 뛰어 들었지만 어떻게 하면 잘 할 수 있을까?라는 고민에 빠져있다면 이렇게 해 보자.

여러 방법이나 수단을 그저 시험삼아라는 생각으로 시도해 보는 것이다.

시험 삼아 시도해 본 것이기에 예상대로의 결과가 나오지 않더라도 실망할 필요는 없다.

더 나아가 이 사고 방식을 응용해 지금부터 인생 자체를 시험 삼아 살아본다면 어떨까? 재미있지 않겠는가?

사람은 탄생과 죽음을 수없이 반복하며 셀 수 없을

만큼 많은 인생을 체험한다는 불교의 윤회설도 있다.

이번 인생 한 번 정도는 시험 삼아 살아 보자라는 생각도 나쁘지만은 않다.

> ★ 행운을 부르는 지혜
> －해 보지 않으면 알 수 없다.
> －시험 삼아 해 보는 일에 실패란 없다.

자신이 무엇을 가지고 있는지 바라보자

한밤중에 눈을 떴을 때, 말 못 할 불안에 떨어본 적이 있는가?

불안이라 하는 것의 대부분은 자신이 이미 가지고 있는 것을 잃게 될까봐 두려워하는 생각에서 시작된다.

병에 걸릴까 봐 불안한 것도 생각해 보면 현재의 건강한 생활을 잃게 될지도 모른다는 두려움에서 비롯된 것이다. 이미 병에 걸려 있는 사람이 위와 같은 불안이나 두려움을 가질 수는 없기 때문이다.

이처럼 불안을 느낀다는 것은 한편으로 지금 당신

이 축복받고 있다는 증거이기도 하다.

'이별 이야기를 꺼낼 때가 되었나…….'라는 불안 역시 사랑하는 사람이 없는 사람에게는 불가능한 일이 아니겠는가?

차라리 지금 사랑하는 사람이 있다는 기쁨에 눈을 돌리는 것이 현명한 일일 것이다.

잃어버린다는 것에 대해 걱정하지 말고 지금 손에 쥐고 있는 것을 바라보며 살아가라.

더불어 만약에 소중한 것을 잃게 될 때가 온다면 그 이상의 것이 다시 당신의 손에 들어오게 될 것임을 명심하라.

★ 행운을 부르는 지혜
–무언가를 잃는다는 것은
그 이상의 것이 들어올 공간이 그만큼 넓어졌다는 것을 의미한다.

행복한 것은 당연한 일

 행복이 절정에 이르렀을 때, 누구나 한 번쯤은 다음과 같은 걱정을 해 보았을 것이다.
 과연 이 행복이 언제까지 계속될까? 한순간에 이 모든 것을 잃어버리고 밑바닥으로 떨어질지 몰라.
 그러나 이와 반대로 자신이 불행하다 느낄 때, 다음과 같은 생각을 하는 사람은 과연 얼마나 될까?
 이런 비참한 생활이 언제까지나 계속될 리 없어. 언젠가는 나에게도 행운이 찾아올 거야,
 위 두 가지 모두 불행하긴 마찬가지이다. 전자는 삶의 방식이 불행한 것이고, 후자는 삶의 현실이 불행하

기 때문이다. 그래서 다음과 같은 제안을 해 보고자 한다.

행복한 기분에 젖어 사는 것은 지극히 당연하고 정상적인 인간의 권리이다.

그리고 만약 고난이 찾아온다면 다음과 같이 생각해 보자. 이 고난은 잠시일 뿐이다. 길게 이어질 행복이 탄생하기 전에 겪어야 할 짧은 진통일 뿐이다. 이 정도의 마음가짐이라면 그 고난에서의 탈출도 빨라질 것이다.

★ 행운을 부르는 지혜
—불행은 일시적인 진통일 뿐,
행복이야말로 당연히 찾아야 할 나의 몫이다.

좋아하는 일을 하기 위해 태어났다

대부분의 가정에서 부모는 자식에게 남에게 피해를 주는 일을 해서는 안 된다고 가르친다. 당신도 역시 그런 가르침을 받으며 자라왔을 것이다.

반대로 "네가 좋아하는 일을 마음껏 하며 살아라." 라는 가르침을 받으며 자란 사람은 거의 없을 것이다.

남에게 피해를 주는 일을 해서는 안 된다는 가르침이 인간의 자유로운 삶을 얼마나 제한해 왔는지 생각해 본 적이 있는가?

자기가 좋아하는 일을 하고 있다고 해서 그것이 주변 사람들에게 피해가 될지 안 될지는 받아들이는 사람 나름이다. 일방적인 잣대로 평가할 수 있는 사항이 아닌 것이다.

이 세상 어느 누구나 좋아하는 일을 하며, 즐겁게 생을 보내다 돌아가라는 하늘의 뜻을 받고 태어났다.

그러나 남에게 피해를 주어서는 안 된다는 사실에 너무 신경을 쓰다가 진정으로 하고 싶은 일을 할 수 없다면 당신은 하늘의 뜻을 거스르게 되는 것이다.

남에게 피해를 준다는 생각에 자신이 하고자 하는 바를 못하게 되는 것이야 말로 세상에 피해를 주는 일이다.

★ 행운을 부르는 지혜
—진정으로 좋아하는 일을 하는 것이야말로
최고의 사회 공헌이다.

즐긴다는 것에 대해 죄악감을 버려라

젊어서 고생은 사서도 한다는 말이 있다.

젊을 때 고생을 해 두면 편안하고 행복한 노후가 보장되며, 또한 원만한 인격자가 되기 위해서라도 젊어서 고생은 꼭 필요하다는 이야기이다.

그런데 과연 이 말이 정말 맞는 말일까?

물론 젊어서 고생한 결과로 행복한 노후를 보내는 사람들이 분명 있을 것이다. 하지만 그와는 반대로 노후에도 변함없이 고생을 하며 힘들게 여생을 보내는 사람들도 있다.

문제는 단순히 고생 없이 얻어지는 것은 없다고 배

워왔기에 즐긴다는 것 자체에 죄악감을 가지고 있는 사람들이 꽤 많다는 것이다.

하지만 즐기면서 또는 기뻐하면서 얻을 수 있는 것 또한 이 세상에는 무궁무진하다.

지금부터는 "즐길 수 있을 때 즐기자!"라는 말을 교훈 삼아 살아보는 것은 어떻겠는가?

★ 행운을 부르는 지혜
-고생해서 얻는 것도 있지만 기쁨에서 얻을 수 있는 것도 있다.
고생을 찬미하기만 하던 시대는 갔다.

현재의 위치에 만족하자

당신은 지금의 상황에 얼마나 만족하고 있는가?

좀 더 나은 일을 하고 싶다.

이런 생활을 계속하는 것이 과연 좋은 일일까?

지금까지의 인간관계를 다 정리하고 싶은데…….

누구나 이와 같은 고민을 심각하게 해 본 경험이 있을 것이다.

하지만 지금 상황에 불평과 불만을 쏟아내고 싶은 심정이라 해도 어쩌면 지금의 상황은 지금의 당신에게 있어 최고의 장소일지 모른다.

만약 지금보다 더 나은 환경이 있다고 한다면 이미

그 쪽으로 옮겨가 있어야 함이 마땅하기 때문이다.

예를 들어 이런 회사 당장 그만두고 싶다든지 가정에만 얽매인 내 자신이 정말 싫다며 말로만 신나게 불평불만을 쏟아내기만 하고 바꾸지 않는 사람들이 있다.

이들은 회사를 그만두고 싶은 마음과 독립해서 새로운 일을 시작할 때의 불안, 가정을 벗어나고 싶은 욕망과 가족을 두고 떠날 수 없는 아쉬운 마음. 이 두 가지를 저울질한 결과 현 상황 그대로를 참고 받아들이는 편이 낫다는 선택을 하게 된 것이다.

참고 받아들인다는 표현에 거부감을 느낀다면 지금 있는 곳보다 나은 곳은 없다고 생각하고 현재의 상황을 마음껏 즐겨보자. 그리하면 저절로 운이 따라 붙어 의외의 좋은 결과를 얻을 수도 있을 것이다.

★ 행운을 부르는 지혜
-지금 우리의 상황이 최선이라는 생각으로 열심히 살자.

자신의 인생에서
가르침을 실천한다!

 미국의 성공철학(成功哲學)이나 뉴 에이지(New Age) 사상에 이런 말이 있습니다.

 네가 던진 것은 나에게 되돌아오게 되어 있다.

 '이 말이 맞을까?' 하는 의구심에 확신이 존재하지 않았을 무렵, '정말로 그럴까?' 라는 생각으로 약간의 실험을 해 보았습니다.

 돈 3만 엔을 들여 어떤 작가의 책을 많은 사람들에게 무료로 나누어 준 것이 바로 그 실험이었습니다.

 그러자 한 달도 지나지 않아 다른 작가로부터 15만 엔 상당의 책을 공짜로 받게 되었습니다. (아마도 그

작가는 자신의 책도 여러 사람에게 나누어 주길 기대한 것 같습니다.)

이렇게 빨리 되돌아오게 될 줄이야. 내던진 것이 다른 곳으로부터 그것도 5배가 되어 돌아오다니. 정말로 이 말은 틀림없이 맞는 말이었다며 놀랄 수밖에 없었습니다.

배우고 있거나 배웠던 가르침이 맞는지 안 맞는지 여러분의 인생 속에서 작은 것부터라도 조금씩 실험해 보시기를 적극 권장하는 바입니다.

제7장

뭘 해도 잘되는 사람들의 삶의 방식

마음을 여는 것만으로 운은 찾아온다

운이 따를지 안 따를지는 어떤 사고방식을 갖고 있느냐에 달려 있다.

인생은 즐거운 것이다. 누구나 특별히 어떤 일을 하지 않아도 건강하기 마련이고 필요한 돈은 반드시 수중에 들어오게 되어 있다.

이와 같은 사고방식을 거리낌 없이 당연하게 받아들일 수 있는 사람이야말로 운이 저절로 따를 사람이라 말할 수 있겠다.

그렇다면 위와 같은 생각에 거부감을 갖고 있는 사람은 다음과 같이 실천해 보도록 하자.

1. "운이 잘 따르는데! 좋았어! 고마워!"라는 말을 습관화하자.
2. 운이 잘 따른 사람의 곁에서 그의 행동을 흉내 내어 보자.
3. 지금까지의 인생을 단념하고, 다시 시작해 보자.

3번째 방법이 약간 현실 도피적이고 소극적이라고 생각할지 모르지만 다시 시작하는 인생은 마음을 열고 솔직하게 살아가는 인생이어야 한다는 것이 전제되어야 하며, '단념하다'라는 말은 깨달았기에 하게 된 단념이란 뜻으로 받아들이면 무리가 없을 것이다.

분명 마음을 열고 있는 그대로를 받아들일 줄 아는 사람이야말로 운이 잘 따르는 사람이라는 것을 명심하자.

★ 행운을 부르는 지혜
−모든 걸 포기한 순간 트이는 인생도 있다.

세상만사 모두
잘 풀리게 되어 있다

그 당시에는 생각한 대로 일이 진행되지 않고 있다고 실망스러워하면서도 일을 마치고 나서 생각해 보면 그 일 역시 일이 진행되기 위해 필요했던 과정이었음을 깨달은 적이 있을 것이다.

예를 들어 1년 후 쯤에는 모든 일이 잘 해결되어 있으리라는 확신을 가지고 있다 치자. 어차피 확신을 갖고 있다면 그 확신을 조금씩 앞으로 끌어 당겨 보면 어떨까? 코앞에 닥쳐 있는 귀찮은 일들에서부터 아직은 일어나지 않은 앞으로의 일들까지 모두 잘 풀리게 되어 있다고 믿어보는 것이다.

그 믿음을 1년 후에 대한 믿음에서 반 년 후에 대한 믿음으로, 다시 한 달 후에 대한 믿음으로 그리고는 당장 오늘에 대한 믿음으로 앞당길 수 있다.

먼 미래에 대한 확신을 당장 오늘로 앞당김으로써 모든 일은 잘 풀리게 되어 있다.

★ 행운을 부르는 지혜
−잘될 거라는 믿음이 모든 일을 순조롭게 한다.

모든 일들은 우주의 법칙에 의해
완벽하게 운행되고 있다

 제멋대로 행동하는 사람, 거만한 사람, 무례한 사람, 우유부단한 사람, 변명만 늘어놓는 사람 등을 만나면 저 사람 도대체 왜 저래 하는 생각에 기분이 좋지 않다.

 그럴 때면 다음과 같은 생각을 해 보자.

 내 눈 앞에 일어나고 있는 모든 일은 전부 자연스런 우주현상이다. 완벽하게 맞물려 돌아가고 있는 우주현상의 일부인 것이다.

 이렇게 생각한다면 타인의 그 어떤 행동이나 말에 기분이 좌우되지는 않을 것이다. 절대적으로 100퍼센트 남이 그르고 내가 옳다고 할 수 없는 것이 세상일이다.

우주는 완벽한 존재이며 언제나 최적의 상태를 유지하고 있다. 우리에게 일어나는 좋은 일과 나쁜 일 모두가 바로 그 우주 속에서 자연스럽게 맞물려 돌아가고 있는 톱니를 이루고 있는 것이다.

★ 행운을 부르는 지혜
—좋은 일도, 나쁜 일도 서로 맞물려 돌고 있기에
세상을 완벽하게 만들어 가고 있다.

인생의 판단은 가치관에 따라 다르다

저 분은 참 바르게 사시는 것 같아.

저 녀석은 왜 저렇게 한심하게 살지.

평범한 사람이라면 누구나 이렇게 남이 사는 방식에 대해 이러니저러니 이야기하곤 한다.

하지만 바른 삶과 한심한 삶의 경계가 도대체 무엇이란 말인가? 그런 평가를 내리는 일은 저마다의 가치관에 따라 얼마든지 달라지는 법이다.

훌륭한 인생과 나쁜 인생이란 것이 있을 리 만무하며 그저 나름대로의 인생만이 있을 뿐이다.

사람들이 살아가는 생활 방식은 사람마다 독특하기

나름이라 마음대로 그 평가를 내릴 수 없다.

여러분 각자가 걸어가고 있는 그 길이 여러분 각자에게 있어 필연(必然)의 길임을 명심하라. 지금 당신은 걸어가야 할 길을 걸어가고 있으며, 멈추게 될 때 멈추게 될 것이다.

이런 생각으로 살아간다면 무엇을 평가한다는 일이 얼마나 무의미한 일인지 깨닫게 될 것이다.

★ 행운을 부르는 지혜
―훌륭한 인생, 나쁜 인생이란 없다.
각자의 인생이 있을 뿐, 당신은 당신의 길을 가면 된다.

모든 만남은 운명이다

언젠가 내게 인생이 즐거워지는 사고방식에 대한 가르침을 주신 분이 있다. 나에게는 인생의 은인이라 할 수 있는 고마우신 분인데 그 분을 내게 소개시켜 준 사람은 아주 평범한 주부였다.

인생에 큰 영향을 준 사람과의 만남을 운명적 만남이라 말할 수 있을 것이다. 그런 사람과 만나기 위해서는 그 사이를 이어주는 이음새 역할의 사람들이 반드시 있기 마련이다.

운명적 만남을 직접적으로 이어주는 사람은 물론이고, 그 만남에 이르기까지의 인연을 쌓아가는 과정에서 만나게 되는 사람들 또한 인생에 있어 중요한 사람들이다.

그 운명의 고리를 세 단계 정도 거슬러 올라가 보면 나에게 아무런 도움도 주지 못할 것 같은 극히 미약한 존재의 사람이 바로 나의 운명적 만남을 성립시키기 위해 반드시 필요했던 중요한 사람이었음을 알 수 있을 것이다.

결국은 모든 만남이 운명적 만남이란 이야기이다.

눈앞에 있는 사람은 물론 과거에 스쳐 지나간 수많은 사람들 모두 당신과 연결되어 있음을 기억하라.

★ 행운을 부르는 지혜
-우리가 만나는 그 어떤 사람도 없어서는 안 될 사람이다.
어디에 어떤 인연이 있을지 모르기 아직 모르기 때문이다.

필요한 정보는 저절로 손에 들어온다

 "어? 그런 말 듣지 못했는데." 혹은 "왜 좀 더 빨리 말해 주지 않았어."라며 어떤 사실을 자신만 몰랐다는 사실에 화가 나거나 서운함을 느껴본 적이 있을 것이다.

 하지만 알고 있다는 것 자체만으로 고민이나 걱정이 늘어날 수도 있는 일이며 차라리 모르는 게 약이라는 말처럼 몰라서 다행인 경우도 있다.

 정보의 홍수 시대라는 요즘, 우리는 매일 쏟아지는 정보의 소용돌이 속에 살고 있다. 아니 어쩌면 우리가 살고 있는 이 세상 자체가 정보로 이루어졌다고 해도 과언이 아니다.

  알고 싶은 정보를 모두 손에 넣을 수도 없을 뿐더러, 만약 얻었다 하더라도 처리할 수 없어 끙끙대며 곤란해 하기 일쑤다.

  무조건 많은 양의 정보를 얻으려고 앞 뒤 안 가리고 뛰어다닐 필요는 없다.

  저절로 굴러 들어오는 정보야말로 진정으로 필요로 하던 정보이며, 그 정보가 들어온 시기야말로 최적의 타이밍이라는 생각을 가지게 된다면 불필요한 정보는 자연히 사라질 것이다. 그리고 반드시 필요한 정보만이 당신에게로 흘러들어 올 것이다.

★ 행운을 부르는 지혜
-정보가 많다고 해서 무조건 좋은 것은 아니다.
-모르는 게 약이 될 수 있다.

내게 전달된 말은 모두
우주에서 보내 준 선물이다

 남에게 어떤 좋지 않은 말을 들었다고 해서 낙담하거나 혹은 반대로 불끈 화가 치밀어 오를 때면 다음과 같은 말을 떠올려 보자.
 "내 귀에 들어온 말은 모두 우주에서 보내준 선물이다."
 만약 눈앞에 있는 사람이 직접 하고 있는 말도 우주로부터 그에게 전달되어 내 귀에까지 이르게 된 것이라고 받아들이는 것이다.
 선입관을 버리고 그 말을 있는 그대로 받아들이면서 지금 이 이야기를 듣게 된 까닭이 무엇인지, 이 이야기가 나에게 어떤 영향을 미칠지 자신에게 물어보자.

그리하면 구애받던 일이나 고민하던 일들도 서서히 풀려나가기 시작할 것이고, 내 귀에 흘러 들어온 그 말이 바로 진정으로 소중한 선물이었음을 깨닫게 될 것이다.

★ 행운을 부르는 지혜
-당신이 받아들이고 있는 모든 정보는
당신을 행복하게 하기 위한 것들이다.

다음 차례의
인생에 맡긴다

 우리는 누구나 죽음에 임박해 인생을 돌이켜 볼 때 '이것도 해 보고 싶었는데. 저것도 해 봤더라면 좋았을 텐데.'라며 후회하지 않을 인생을 바라고 있다.

 즉, 살아생전 하고 싶은 일은 다 해 봤으니 여한이 없다고 할 정도로 모든 에너지를 불태우고 저 세상으로 가는 것이야말로 모두가 바라는 이상적인 인생인 것이다.

 하지만 이렇게 생각해 보면 어떨까?

 처음부터 끝까지 모든 일을 혼자서 다 해결하지 못해도 걱정 마라. 뒷일을 마저 이어서 해 줄 누군가가 있기 마련이다. 못 다한 일은 다음 인생(내세)에서 완성시키면 되지 않는가.

한 번 사는 인생이라며 자신의 모든 것을 불사르는 인생.

다음 기회도 있는 법이라며 어떤 것에도 구애받지 않고 담담하게 살아가는 인생.

둘 다 멋진 인생에 틀림없다.

★ 행운을 부르는 지혜
-모든 일을 혼자서 다 해내지 않아도 괜찮다.
나머지 일을 해 줄 누군가가 당신 주변에 반드시 있을 것이다.

에필로그

마음이 가는 대로
사는 것만으로 행복하다

생각하면 생각할수록 더욱더 알 수 없는 것이 바로 인생이란 것입니다.

의미 있는 인생 혹은 한심한 인생이라고 삶을 평가한다지만, 평가 그 자체가 무의미한 일인 동시에 이 생활 방식은 좋지만 저 생활 방식은 나쁘다고 정해져 있는 것도 아닙니다.

당신은 그 이상도 그 이하도 아닌 인생을 지금까지 살아왔을 것이고, 앞으로도 그러한 인생을 살아갈 것입니다. 단, 각자 자기 나름대로의 인생이 있을 뿐이죠. 따라서 자기 마음 가는 대로 솔직하게 인생을 산다면 그걸로 충분한 일이라 생각합니다.

저는 위와 같은 생각아래 "이런 사고방식을 가지십시오. 이런 삶의 자세를 가져 보는 것은 어떻습니까? 그러면 기분도 좋아지고 운도 저절로 따르게 될 것입니다. 그러면 당신의 인생 또한 한층 더 당신다운 인생으로 변모해 갈 것입니다."라는 제 미약한 의견을 책으로 엮어 보았습니다.

그 나름대로의 인생이 있을 뿐 어떤 생활 방식이라도 좋다고 말하면서도 이러한 책을 썼다는 것이 모순이기도 합니다.

하지만 저 역시 이와 같은 방식으로 생활한다면 좀 더 즐겁게 인생을 보낼 수 있다고 남들에게 강요하고 싶은 욕심이 있었음을 솔직히 인정합니다.

마지막으로 이 책을 다 마칠 수 있도록 자신의 생활 방식을 몸소 보여주며 도움을 주신 분들, 아울러 여러 방면에서 격려와 협력을 아끼지 않으셨던 많은 분들에게 진심으로 감사드립니다.

뭘 해도 잘되는 사람들의 55가지 습관

초판 1쇄 인쇄 2014년 4월 14일
초판 1쇄 발행 2014년 4월 21일

지은이 마츠우라 에이코
옮긴이 김윤식
펴낸이 한익수
펴낸곳 도서출판 큰나무
등록 1993년 11월 30일 (제5-396호)
주소 410-360 경기도 고양시 일산동구 백석동 1455-4 1층
전화 031-903-1845
팩스 031-903-1854
이메일 btreepub@chol.com
블로그 blog.naver.com/btreepub

값 10,000원
ISBN 978-89-7891-285-3 (13190)

이 도서의 국립중앙도서관 출판시도서목록(CIP)은 서지정보유통지원시스템 홈페이지(http://seoji.nl.go.kr)와 국가자료공동목록시스템(http://www.nl.go.kr/kolisnet)에서 이용하실 수 있습니다.(CIP제어번호: CIP2014011801)

잘못 만들어진 책은 구입하신 서점에서 교환해 드립니다